RÉPONSE

AUX FAISEURS DE PAMPHLETS

ET D'ANECDOTES

CONTRE BUONAPARTE.

par M. DUBROCA.

IMPRIMERIE DE P. N. ROUGERON.

A PARIS,

CHEZ TOUS LES MARCHANDS DE NOUVEAUTÉS.

MAI 1814.

RÉPONSE

AUX FAISEURS DE PAMPHLETS

ET D'ANECDOTES

CONTRE BUONAPARTE.

Qui n'a pas connu de ces faux braves qui, après les coups décisifs portés à un ennemi par des hommes courageux, sortent de leur asile, s'avancent aux premiers rangs, font du bruit, provoquent par leurs insultes et par leurs défis l'ennemi terrassé, arborent les trophées de la victoire, racontent à tous venans leurs dangers et leur courage , et s'efforcent ainsi de partager les honneurs et les fruits du triomphe ?

Ou bien (si vous l'aimez mieux), qui n'a pas vu de ces oiseaux de proie qui vont déchirer les lambeaux d'un cadavre abandonné, et se repaître de ses entrailles dégoûtantes ?

Telle est l'image de la plupart de ces écrivains qui, après la chute de Buonaparte, terrassé par la justice nationale, sont venus et viennent tous les jours encore remplir le public de leurs libelles et du bruit de leur déchaînement contre lui. Où étoient-ils donc avant et pendant la lutte qui a terminé sa destinée? Dans un coin de leur retraite obscure où ils tenoient peut-être en réserve des armes de toute espèce, prêts à s'en servir au gré des chances incertaines du combat. C'est de là qu'ils ont tout vu ; qu'ils se sont transportés sur les champs de bataille pour y juger de l'*ineptie* de celui qu'ils poursuivent de leur indignation ; qu'ils ont assisté aux scènes les plus intimes de sa vie, pour en recueillir les *anecdotes les plus secrettes ;* c'est de là qu'ils ont suivi pas-à-pas la marche de sa politique *tortueuse,* et qu'ils en ont découvert toute la *perfidie ;* c'est de là enfin qu'eux seuls, *constans dans leurs principes , toujours fidèles* à l'antique dynastie des Bourbons, ont vu clair *comme le jour* l'époque, le moment où cette *antique Maison* rentreroit dans ses droits , grâce aux soins qu'ils ont pris de lui en aplanir le chemin, et de préparer les esprits à son retour : ce qui, dès le lendemain de la chute de Buonaparte, les a mis à portée, *comme de juste*, de venir crier dans le public : *Au tyran ! au monstre ! au dévorateur de l'espèce humaine ! à l'assassin ! au comédien ! à l'inepte ! à l'intrigant !* etc. etc.

Eh ! Messieurs, convenez-en, c'est l'impatience où vous étiez de vous tourner vers le soleil levant, et d'arriver aux premiers rangs pour en recevoir les premiers rayons, qui vous a rendus si âpres et si furieux. Mais cette impatience vous a égarés, et je vais vous le prouver par quelques observations sur les conséquences de votre forfanterie imprudente.

La première et la plus importante, c'est que l'antique famille des Bourbons qui vient de se rasseoir sur un trône qui lui appartient autant par les droits du sang que par les lois fondamentales de l'Etat, n'a nul besoin sans doute qu'on traîne dans la fange celui qui a figuré un moment à sa place, pour légitimer sa rentrée dans l'héritage de ses aïeux, et pour justifier ses titres aux yeux des Français. Vous croyez la servir, et vous l'outragez; car il n'y a qu'un usurpateur qui puisse sentir le besoin de descendre aux moyens que vous employez pour se soutenir dans son usurpation. Ce qui est juste , ce qui est dans l'ordre et universellement consenti, ne demande ni défenseurs, ni apologistes; ainsi, sous ce premier rapport, vous vous exaspérez sans motifs contre un homme dont la destinée devoit être tôt ou tard une suite naturelle de sa position, et l'effet de cette justice éternelle qui rétablit toujours et quand il le faut ce que les passions des hommes ont dérangé.

Une seconde conséquence , non moins frappante, c'est que vous violez par vos écrits les premières lois de la bienséance. Vous sentez sans doute qu'il vous est impossible d'effacer de l'histoire qu'un grand Prince avoit associé Buonaparte à sa famille, en lui donnant sa fille en mariage : que faites - vous donc par vos injurieux libelles? que renouveler à chaque instant les regrets de ce Prince déjà trop malheureux et trop puni de sa démarche. Quoi! cette idée si simple ne vous a pas frappés et n'a pas retenu votre plume! Ah! que vous connoissez peu le cœur humain, ou plutôt, que les passions vous aveuglent et vous rendent imprudens!

Et cette princesse qui emporte toute notre admiration pour les vertus qu'elle étala avec tant d'éclat sur le trône, que poursuivent notre amour et notre profonde commisération pour ses infortunes ; cette princesse, que vous croyez sans doute trop vertueuse pour supposer qu'elle ait pu renoncer aux sentimens d'épouse et de mère : songez-vous aux chagrins dont vous l'abreuvez dans ses malheurs, en flétrissant indignement et avec si peu de ménagement celui qui fut l'objet de ses plus tendres affections? Ah, vous êtes, il faut le dire, oui, vous êtes des hommes sans humanité, sans respect pour le malheur, première vertu des bons cœurs. Illustre *Marie Louise*, si les accusations sans mesure, si les injures odieuses qui poursuivent l'existence de l'époux qui vous fut donné, parviennent jusqu'à vous et augmentent l'amertume de votre situation, apprenez du moins qu'il est des Français qui vous plaignent, qui vous chérissent encore, et qui, par égard pour vos vertus, pour votre noble caractère, voudroient, s'il étoit possible, couvrir d'un voile éternel les fautes et les excès de celui qui, sous les auspices de votre hymen avec lui, acquit les titres les plus honorables à nos respects !

Et ce fils adoptif de Napoléon, ce héros que le magnanime Roi des Français vient d'accueillir et de placer au rang des premiers soutiens du trône ; pensez-vous qu'il puisse entendre, sans en ressentir une amère douleur, les vociférations que vous adressez à celui qui le forma dans l'art des combats, et sous les yeux duquel il déploya ce noble courage et ces vertus dont il a donné un si bel exemple ? Non, ce prince ne peut être ingrat ; vous ne le pensez pas ; et s'il n'est pas tel, comment pouvez-vous vous résoudre à l'affliger, à briser son ame, en le frappant dans l'objet de sa reconnoissance, sentiment honorable qu'un grand cœur sait toujours allier avec ses nouveaux devoirs, et sur-tout avec ceux de la fidélité qu'il vient de vouer à son légitime souverain ?

Et ces nobles enfans de la gloire, long-temps compagnons et amis de Buonaparte, comment ne voyez-vous pas l'outrage dont vous les accablez en les accusant en quelque sorte d'avoir été les jouets d'un *fourbe*, d'un *intrigant*, d'un *comédien*, et les instrumens aveugles de son *imposture ?* Comment ne sentez-vous pas que chaque anecdote honteuse ou odieuse que vous racontez sur lui, est un trait que vous lancez contre eux ; que vous les forcez à rougir d'eux-mêmes, de leur *imprévoyance*, de leur peu de *discernement*, de leur *imbécille* fidélité ; et que l'abjection dans laquelle vous plongez sans mesure celui qui fut si long-temps l'objet de leurs services et de leur dévouement, retombe en quelque sorte sur eux et les couvre d'ignominie ?

Ah ! taisez-vous du moins par respect pour tant d'hommes qui valent mieux que vous, et dont les hommages au sang des Bourbons ont été si dignes de leur caractère, si dégagés de passion et si purs.

Si j'en crois encore les premières idées de la morale, je ne pense pas que vos propres intérêts soient ici bien entendus ; car il n'est pas possible que les Princes, dont vous cherchez par vos cris à appeler les regards sur vous, puissent secrètement applaudir à ce déchaînement d'injures contre celui qui, n'importe à quel titre et par quels moyens, a tenu un rang parmi les têtes couronnées et a marché de pair avec elles. Votre conduite est véritablement un attentat contre la morale publique. Les peuples ne sont, depuis long-temps, que trop familiarisés avec les détrônemens et l'irrévérence du sceptre : vous aggravez ce mal dont les conséquences doivent effrayer tous les souverains et leur faire porter un jugement secret contre vous.

Ce ne sont point, j'en suis sûr, les hommes qui changent si brusquement de livrée, qui obtiennent l'estime des souverains ; mais bien plutôt ceux qui, consultant leur conscience et leur honneur, attendent à être dégagés de leurs sermens pour en faire un nouvel hommage. Leur fidélité est bien plus sûre en effet que celle de ces esprits versatiles qui prodiguent l'outrage à l'idole que, la veille, ils avoient lâchement encensés. Toutes les époques de la révolution ont offert le même exemple que vous présentez aujourd'hui, et presque toujours il a été donné par des hommes qui, après avoir joué le rôle de bas flatteurs, se sont le plus empressés, à la chute de l'objet de leurs adulations, de le fouler aux pieds et de le vouer à l'exécration publique.

Mais, direz-vous, il faut donc passer sous silence des abus et des excès qui soulèvent d'indignation? Non; mais il faut en parler et en écrire avec décence, et avec les égards que les convenances exigent. Je vous ai peint celles qui sont relatives à la circonstance dont il s'agit, c'étoit à vous à les voir et à les sentir. Ce défaut de jugement a fait tomber le masque dont vous avez voulu vous couvrir, et tous les honnêtes gens vous ont appréciés.

Mais n'est-il pas juste, ajoutez-vous, que les partisans de Buonaparte soient éclairés et détrompés sur l'objet *odieux* de leur dévouement? Les partisans de Buonaparte !

Ce n'est pas vous qui les convertirez. Vos cris sentent trop la passion ; ils aigrissent les esprits au lieu de les ramener ; ils n'ont point ce caractère de sagesse et de modération qui inspire la confiance, produit la conviction et fait triompher la vérité. Reposez-vous d'ailleurs pour la conviction des partisans de Buonaparte, sur le sentiment des maux qu'il nous a fait éprouver, et sur-tout sur la sagesse du gouvernement qui vient les réparer. En retrouvant par-tout les traces de son règne désastreux, et en sentant par-tout la main bienfaisante du Prince qui est appelé à fermer les plaies de la France, les partisans de Buonaparte les plus zélés seront forcés de bénir le ciel d'une révolution qui a changé la face des choses, et fait disparoître le crêpe funèbre qui étoit étendu sur nos têtes. Vos cris pourroient allumer la guerre civile par l'exaspération où vous pousseriez les esprits ; et un gouvernement sage adoucira tout et se conciliera tous les cœurs. Vous connoissez ce noble et généreux penchant des ames, qui les porte à s'attacher à un homme d'autant plus qu'il est dans la disgrace et malheureux : craignez de produire cet effet dans ceux qu'un reste de fidélité lie à celui que vous attaquez avec si peu de décence et de ménagement. Vous ne connoissez point l'art si précieux de ménager les esprits et de sauver l'amour-propre des hommes, et vos libelles sont un fléau dangereux qu'une politique sage et prudente devroit proscrire.

Enfin, que vous dirai-je pour vous forcer, s'il se peut, au silence ? Sinon que vous êtes non-seulement les plus injustes des hommes, en refusant à Buonaparte jusqu'à l'ombre de talent et de courage, en le reléguant dans la classe des plus lâches et des plus stupides humains ; mais encore les plus mal avisés, pour ne pas dire pis. Car enfin pensez-vous franchement vous rendre très-agréables à l'Empereur Alexandre et à ses nobles Alliés, en rabaissant sans mesure, comme vous le faites, celui qu'ils ont jugé digne du déploiement de toute leur puissance ; et ne voyez-vous pas que plus vous vous efforcez de démontrer l'ineptie, l'incapacité, et la foiblesse des moyens de Buonaparte, plus vous diminuez le mérite militaire de ces vainqueurs, plus vous flétrissez leur gloire, et rendez ridicules les armemens immenses de toute l'Europe contre lui. Quoi ! tant de mouvemens, tant d'efforts, tant d'armées réunies contre un homme qui n'auroit jamais été qu'*un faux brave, un vain fanfaron, un capitaine sans génie militaire, qui ne savoit que trembler et fuir devant ses ennemis !* En vérité, Messieurs, je ne sais ce qu'il y a de plus étrange ici, ou de l'inconséquence de vos assertions, ou de l'indulgence des Souverains qu'elles outragent. Indignes flatteurs ! vous croiriez gâter le plan de vos secrètes spéculations sur les faveurs du Prince, s'il vous échappoit le moindre mot de justice en faveur de celui que vous accablez du poids de votre indignation calculée. Quelle fausse considération, et combien elle est outrageante pour ceux qui en sont l'objet ! c'est les supposer injustes et passionnés comme vous........ Je vous entends, vous allez dire sans doute que je suis un *Buonapartiste :* hé, Messieurs, on connoît depuis long-temps cette misérable ressource des cœurs qui vous ressemblent; et je pense qu'il n'y a plus de mérite à la braver. Je crois avant tout que le devoir d'un honnête homme est d'être juste, et qu'en prenant le caractère d'accusateur ou d'historien, si vous voulez, celui qui se charge de ce rôle ne doit rien outrer, rien exagérer. Souvenez-vous de cet axiome : *qui nimis probat, nihil probat*. Tout le monde l'entend; et beaucoup de gens, soyez-en sûrs, traitent en conséquence vos écrits comme ils le méritent.

C'est avec eux, Messieurs, que j'ai l'honneur de vous saluer.

DUBROCA.

CPSIA information can be obtained
at www.ICGtesting.com
Printed in the USA
LVHW051538140523
746959LV00028B/581